La clé Bitcoin

Débloquez le monde de la monnaie numérique

Table des matières

Partie 1 : Introduction

- **Chapitre 1 : Qu'est-ce que Bitcoin ?**
  - L'histoire du Bitcoin
  - Les principales caractéristiques du Bitcoin
  - Bitcoin comparé aux monnaies traditionnelles
- **Chapitre 2 : Comment fonctionne Bitcoin ?**
  - La technologie blockchain
  - Transactions et exploitation minière
  - Portefeuilles Bitcoin
- **Chapitre 3 : L'avenir du Bitcoin**
  - Domaines d'application possibles
  - Défis et risques
  - L'avenir de l'argent

Partie 2 : Bitcoin en pratique

- **Chapitre 4 : Acheter et vendre du Bitcoin**
  - Échanges de Bitcoins
  - Méthodes de payement
  - Sécurité lors de l'achat et de la vente de Bitcoin
- **Chapitre 5 : Assurer la sécurité du Bitcoin**
  - Types de portefeuilles Bitcoin
  - Pratiques de sécurité du portefeuille Bitcoin
  - Portefeuilles matériels

- **Chapitre 6 : Utiliser Bitcoin**
  - Paiements Bitcoin dans le trading en ligne
  - Acceptation du Bitcoin dans le monde réel
  - Applications Bitcoin

Partie 3 : Sujets avancés

- **Chapitre 7 : Exploitation minière de Bitcoin**
  - Comment fonctionne le minage de Bitcoin ?
  - Matériel et logiciels miniers
  - La rentabilité du minage de Bitcoin
- **Chapitre 8 : Réseau Lightning**
  - Solutions de mise à l'échelle pour Bitcoin
  - Le réseau Lightning en détail
  - Utilisation du réseau Lightning
- **Chapitre 9 : Technologie Bitcoin et Blockchain**
  - Domaines d'application de la blockchain
  - Applications décentralisées (dApps)
  - L'avenir de la technologie blockchain

Pièce jointe

- Glossaire des termes importants
- Ressources pour plus d'informations
- Liste des échanges et portefeuilles Bitcoin

Veuillez noter qu'il ne s'agit pas d'un conseil en investissement. Il est important de faire vos recherches et de comprendre les risques encourus avant d'investir dans le Bitcoin ou d'autres crypto-monnaies.

Partie 1 : Introduction

Chapitre 1 : Qu'est-ce que Bitcoin ?

- *L'histoire du Bitcoin*

Préhistoire:

- **Années 1980** : David Chaum développe DigiCash, une monnaie numérique à faible anonymat.
- **1998** : Wei Dai lance « b-money », un concept de monnaie numérique décentralisée.
- **2008** : Nick Szabo lance « Bit Gold », une proposition de monnaie numérique à offre limitée.

2009 :

- **Janvier** : Satoshi Nakamoto publie le livre blanc Bitcoin et le premier logiciel Bitcoin.
- **3 janvier** : Le premier bloc Bitcoin (« Genesis Block ») est miné.

- **Octobre** : La première transaction Bitcoin a lieu : Satoshi Nakamoto envoie 10 Bitcoins à Hal Finney.

2010 :

- **Mai** : Création du premier échange Bitcoin, BitcoinMarket.
- **Novembre** : Laszlo Hanyecz achète deux pizzas pour 10 000 Bitcoins – la première transaction Bitcoin contre des marchandises.

2011 :

- **Février** : Mt. Gox, la première grande bourse de Bitcoin, est fondée.
- **Juin** : La première conférence Bitcoin a lieu à San Francisco.

2012 :

- **Avril : La** Fondation Bitcoin est fondée pour promouvoir le développement du Bitcoin.
- **Novembre** : création du premier pool de minage Bitcoin.

2013 :

- **Crise à Chypre** : Bitcoin connaît une augmentation de la demande en raison de l'incertitude du système financier.
- **Octobre** : Le premier Bitcoin ETF (Exchange Traded Fund) est lancé en bourse.

2014 :

- **Février : Piratage** de Mt. Gox : 850 000 Bitcoins sont volés, provoquant l'effondrement de l'échange.

2015 :

- **Octobre :** début du premier débat sur la mise à l'échelle du Bitcoin.

2016 :

- **Juin :** Le hack DAO : 3,6 millions d'Ether (environ 50 millions de dollars) sont volés.
- **Août :** Bitcoin Cash (BCH) se sépare de Bitcoin.

2017 :

- **Décembre :** Bitcoin atteint un sommet historique de près de 20 000 $.

2018 :

- **Hiver crypto :** Le prix du Bitcoin chute fortement et atteint 3 100$ en décembre.

2019 :

- **Juin :** Facebook annonce Libra , une monnaie numérique basée sur une blockchain.
- **Octobre :** la Chine interdit le minage de Bitcoin.

2020 :

- **Mars :** krach lié au COVID-19 : le prix du Bitcoin tombe brièvement à 3 800 $.
- **Décembre :** Bitcoin atteint un nouveau sommet historique de près de 29 000 $.

2021 :

- **Février :** Tesla investit 1,5 milliard de dollars dans Bitcoin.
- **Avril :** Bitcoin atteint un nouveau sommet historique de 64 800 $.
- **Mai :** la Chine interdit les transactions Bitcoin.
- **Novembre :** El Salvador adopte le Bitcoin comme monnaie légale.

2022 :

- **Janvier :** le prix du Bitcoin tombe en dessous de 40 000 $.
- **Février :** la Russie envisage d'accepter le Bitcoin comme moyen de paiement pour le pétrole et le gaz.
- **Peut:** TerraUSD (UST) et Luna crash, entraînant un crash crypto.
- **Juin :** rapport Celsius Network et Three Arrows Capital la faillite .

2023 :

- **Janvier :** le prix du Bitcoin tombe en dessous de 30 000 $.
- **Février :** La SEC rejette un ETF Bitcoin.
- **Mars :** le prix du Bitcoin dépasse à nouveau les 40 000 $.

2024 :

- **(Au 2 mars) :** le prix du Bitcoin est d'environ 42 000 dollars américains.

- *Les principales caractéristiques du Bitcoin*

- **Décentralisation :** Bitcoin est décentralisé, ce qui signifie qu'il n'y a aucune autorité centrale qui contrôle le réseau. Au lieu de cela, il est alimenté par un réseau d'ordinateurs répartis dans le monde entier. Cela rend Bitcoin résistant à la manipulation et à la censure.
- **Sécurité :** Bitcoin est sécurisé par cryptographie, ce qui le rend très à l'abri de la contrefaçon et de la fraude. La blockchain qui sous-tend Bitcoin est un grand livre public immuable qui enregistre toutes les transactions.
- **Transparence :** toutes les transactions sur la blockchain Bitcoin sont visibles publiquement. Cela permet à quiconque de consulter l'historique des transactions et de s'assurer que toutes les transactions ont été exécutées correctement.
- **Pseudonymité :** les utilisateurs de Bitcoin peuvent effectuer des transactions sous un pseudonyme, ce qui signifie qu'ils n'ont pas à révéler leur identité. Cela leur permet de protéger leur vie privée.
- **Transactions transfrontalières :** les transactions Bitcoin peuvent être effectuées rapidement et facilement dans le monde entier. Il n'y a pas de frais pour les transactions transfrontalières.
- **Fongibilité :** les Bitcoins sont fongibles, ce qui signifie que chaque Bitcoin est équivalent. Cela fait du Bitcoin un moyen d'échange idéal.
- **Quantité limitée :** Il n'y aura qu'un nombre limité de Bitcoins, à savoir 21 millions. Cela fait du Bitcoin un

actif déflationniste, ce qui signifie que sa valeur devrait augmenter avec le temps.
- **Ouverture** : Bitcoin est un projet open source, ce qui signifie que n'importe qui peut participer au réseau et le développer davantage.
- **Innovation** : Bitcoin est une technologie innovante susceptible de révolutionner la finance.
- **Risque** : Bitcoin est un véhicule d'investissement volatil. La valeur du Bitcoin peut fluctuer considérablement.
- **Réglementation** : Bitcoin n'est pas encore réglementé dans de nombreux pays. Cela peut conduire à une insécurité juridique.
- **Évolutivité** : La blockchain Bitcoin n'est actuellement pas très évolutive. Cela peut entraîner des goulots d'étranglement dans le traitement des transactions.
- **Durabilité** : Le processus de minage de Bitcoin consomme beaucoup d'énergie. Cela peut entraîner des problèmes environnementaux.
- **En résumé, Bitcoin est une technologie unique présentant de nombreux avantages. Cependant, il est important d'être également conscient des risques avant d'investir dans Bitcoin.**
- *Bitcoin comparé aux monnaies traditionnelles*

Décentralisation:

- Le Bitcoin est décentralisé, ce qui signifie qu'il n'existe aucune autorité centrale qui contrôle la monnaie.
- Les monnaies traditionnelles sont contrôlées par les banques centrales, qui peuvent influencer la masse monétaire et la valeur de la monnaie.

Transparence:

- Toutes les transactions Bitcoin sont transparentes et visibles sur la blockchain.
- Les transactions impliquant des devises traditionnelles peuvent être opaques, en particulier lorsqu'elles sont effectuées via des comptes en espèces ou à l'étranger.

Anonymat:

- Les transactions Bitcoin sont pseudonymes, ce qui signifie que l'identité des expéditeurs et des destinataires n'est pas directement visible.
- Les monnaies traditionnelles sont généralement liées à l'identité de l'utilisateur.

Volatilité:

- Le prix du Bitcoin est très fluctuant et volatil.
- Les monnaies traditionnelles ont tendance à être plus stables car elles sont réglementées par les banques centrales.

Acceptation:

- Le Bitcoin n'est pas encore largement accepté comme moyen de paiement.
- Les monnaies conventionnelles sont établies comme moyens de paiement dans le monde entier.

Évolutivité :

- Le réseau Bitcoin a actuellement une évolutivité limitée, ce qui signifie qu'il ne peut traiter qu'un nombre limité de transactions par seconde.

- Les systèmes monétaires traditionnels ont tendance à être plus évolutifs.

Avenir:

- L'avenir du Bitcoin et des crypto-monnaies est incertain.
- Les monnaies traditionnelles continueront probablement à jouer un rôle dominant dans le système financier mondial.

En résumé, le Bitcoin et les monnaies traditionnelles présentent à la fois des avantages et des inconvénients. Bitcoin offre plus de décentralisation, de transparence et d'anonymat, mais est plus volatil et moins accepté. Les monnaies traditionnelles sont plus stables et établies, mais moins transparentes et anonymes.

La devise la plus adaptée dépend des besoins et des préférences individuels de l'utilisateur.

Informations Complémentaires:

- Wiki Bitcoin : https://en.bitcoin.it/wiki/Main_Page
- Banque centrale européenne : https://www.ecb.europa.eu/
- Fonds monétaire international : https://www.imf.org/

Veuillez noter qu'il ne s'agit pas d'un conseil en investissement. Il est important de faire vos recherches et de comprendre les risques encourus avant d'investir dans le Bitcoin ou d'autres crypto-monnaies.

- **Chapitre 2 : Comment fonctionne Bitcoin ?**

- *La technologie blockchain*

La technologie Blockchain, également connue sous le nom de technologie de registre distribué, est une méthode innovante pour stocker et gérer les données de manière sécurisée et transparente. Vous pouvez considérer la blockchain comme un registre numérique partagé par plusieurs participants.

Voici quelques aspects clés de la blockchain :

- **Décentralisation :** au lieu d'une autorité centrale contrôlant les données, la blockchain est stockée et distribuée sur un réseau d'ordinateurs. Cela le rend inviolable, car toute tentative de modification des données serait remarquée par tous les systèmes du réseau.

- **Transparence :** Tous les participants du réseau ont accès à la même copie de la blockchain. Cela crée de la confiance et permet de suivre les transactions.
- **Sécurité :** les procédures cryptographiques garantissent que les données de la blockchain ne peuvent pas être falsifiées.

La technologie Blockchain offre un large éventail d'utilisations possibles, par exemple :

- **Finance :** Les crypto-monnaies comme Bitcoin sont basées sur la blockchain.
- **Chaînes d'approvisionnement :** la blockchain peut suivre l'origine des marchandises et prévenir la contrefaçon.
- **Vote :** la technologie Blockchain pourrait permettre des élections sécurisées et transparentes.

Bien que la technologie blockchain présente un grand potentiel, de nombreuses applications sont encore en phase de développement. Il existe également des défis tels que l'évolutivité et la consommation d'énergie de certains systèmes blockchain.

- *Transactions et exploitation minière*

Transactions:

- Les transactions Bitcoin sont des transferts numériques de Bitcoins d'un portefeuille à un autre.
- Ils sont sécurisés par des signatures numériques et enregistrés sur la blockchain.
- Chaque transaction doit être vérifiée par un mineur avant d'être ajoutée à la blockchain.
- Les frais de transaction varient en fonction de la charge et de la priorité du réseau.

Exploitation minière:

- Le minage est le processus de vérification des transactions et de création de nouveaux blocs sur la blockchain.
- Les mineurs utilisent des ordinateurs puissants pour résoudre des problèmes mathématiques complexes.
- Le premier mineur à résoudre un problème est récompensé par des Bitcoins.
- Le minage est une partie importante du réseau Bitcoin car il assure la sécurité et la décentralisation du système.

Plus de détails:

- **Détails de la transaction:**
    - expéditeur et destinataire
    - Montant de la transaction
    - frais
    - identifiant de transaction
- **Processus minier :**

- Les mineurs collectent les transactions dans un bloc.
- Vous résolvez un problème mathématique pour valider le bloc.
- Le nouveau bloc est ajouté à la blockchain.
- Les mineurs reçoivent des récompenses sous forme de Bitcoins.

- **Matériel minier :**
  - Les mineurs ASIC : des appareils puissants et spécialisés
  - GPU : cartes graphiques
  - CPU : processeurs centraux
- **Critique de l'exploitation minière :**
  - consommation d'énergie élevée
  - Centralisation du pool minier

Ressources:

- Wiki Bitcoin : Transactions : https://en.bitcoin.it/wiki/Transaction
- Wiki Bitcoin : Exploitation minière : https://en.bitcoin.it/wiki/Mining
- Bitpanda Academy : Bitcoin Mining : [URL invalide supprimée]
- BTC-ECHO : Exploitation minière de Bitcoin : https://www.btc-echo.de/academy/bibliothek/was-ist-bitcoin-mining/

- *Portefeuilles Bitcoin*

Les portefeuilles Bitcoin, également appelés portefeuilles numériques, sont utilisés pour stocker, envoyer et recevoir du Bitcoin en toute sécurité. Cependant, à l'instar d'un portefeuille traditionnel dans lequel vous stockez de l'argent liquide, un portefeuille Bitcoin ne stocke pas de pièces physiques, mais plutôt des **clés privées qui** permettent d'accéder à votre Bitcoin.

Voici quelques points importants concernant les portefeuilles Bitcoin :

- **Ils ne stockent pas eux-mêmes les Bitcoins** : Bitcoin existe sur un réseau décentralisé appelé blockchain. Le portefeuille stocke simplement les clés que vous pouvez utiliser pour prouver que vous possédez certains Bitcoins.
- **Clés publiques et privées** : chaque portefeuille possède deux clés importantes :
    - **Clé publique** : Elle est utilisée pour recevoir des Bitcoins. Il est comparable à un IBAN et peut être transmis librement car il est nécessaire pour envoyer des Bitcoins.
    - **Clé privée** : elle est secrète et ne doit jamais être partagée. Il vous permet d'accéder à vos Bitcoins et de signer des transactions.
- **Différents types de portefeuilles Bitcoin** : Il existe différents types de portefeuilles Bitcoin qui diffèrent en termes de sécurité, de facilité d'utilisation et de fonctionnalités. Les types courants incluent :
    - **Hot Wallets** : ils sont connectés à Internet et offrent un moyen simple d'envoyer et de recevoir des Bitcoins. Cependant, ils sont également plus sensibles aux piratages.
    - **Cold wallets** : Ceux-ci ne sont pas connectés à Internet et offrent donc une plus grande

sécurité. Ils sont cependant moins pratiques pour un usage quotidien.

Il est important que vous fassiez vos recherches avant de choisir un portefeuille Bitcoin et que vous choisissiez celui qui correspond le mieux à vos besoins en matière de sécurité et de fonctionnalités.

Chapitre 3 : L'avenir du Bitcoin

- *Domaines d'application possibles*

Bitcoin est la première et la plus connue des crypto-monnaies et a le potentiel de révolutionner divers domaines d'application. Voici quelques-uns des plus importants :

1. Moyens de paiement : Bitcoin peut être utilisé comme moyen de paiement numérique pour des biens et des services. Il offre plusieurs avantages par rapport aux méthodes de paiement traditionnelles telles que : Par exemple.:

- **Frais réduits :** les transactions sur la blockchain Bitcoin sont généralement nettement moins chères que les transactions par carte de crédit ou par virement bancaire.

- **Transactions plus rapides :** les transactions Bitcoin sont généralement traitées en quelques minutes, alors que les transactions traditionnelles peuvent prendre plusieurs jours.
- **Paiements transfrontaliers :** les transactions Bitcoin ne sont pas limitées par les frontières nationales et peuvent donc être effectuées rapidement et facilement dans le monde entier.

2. **Réserve de valeur :** Bitcoin peut être utilisé comme réserve de valeur, semblable à l'or ou aux actions. La quantité de Bitcoin est limitée, ce qui peut contribuer à maintenir sa valeur dans le temps.

3. **Investissement :** Bitcoin peut être utilisé comme objet d'investissement. Le prix du Bitcoin est volatil, ce qui signifie qu'il peut y avoir à la fois des profits et des pertes importants.

4. **Services financiers décentralisés (DeFi) :** Bitcoin peut être utilisé dans les applications DeFi , par ex. B. pour prêter ou emprunter des prêts, gagner des intérêts ou négocier sur des bourses décentralisées.

5. **Cas d'utilisation au-delà de la finance :** Bitcoin peut également être utilisé dans d'autres domaines d'application, par ex. Par exemple.:

- **Gestion des identités :** Bitcoin peut être utilisé pour créer et gérer des identités numériques.
- **Gestion de la chaîne d'approvisionnement :** Bitcoin peut être utilisé pour suivre et sécuriser la chaîne d'approvisionnement des marchandises.

- **Systèmes de vote** : Bitcoin peut être utilisé pour créer des systèmes de vote sécurisés et transparents.

Il convient de noter que Bitcoin est encore une technologie relativement jeune et que les domaines d'application sont en constante évolution.

Pour plus d'informations sur Bitcoin, visitez les sites Web suivants :

- https://bitcoin.org/
- BitcoinWiki : https://en.bitcoin.it/wiki/Main_Page
- CoinMarketCap : https://coinmarketcap.com/

o *Défis et risques*

- Le Bitcoin est devenu l'une des crypto-monnaies les plus connues et les plus précieuses depuis son lancement en 2009. Cependant, les défis et risques suivants doivent être pris en compte avant d'investir dans Bitcoin :
- **Volatilité** : Le prix du Bitcoin est extrêmement volatil, ce qui signifie qu'il est soumis à des fluctuations fortes et soudaines. Cela peut entraîner des profits élevés mais aussi des pertes importantes.
- **Risques techniques** : La technologie Bitcoin est complexe et il existe un risque d'attaques de pirates

informatiques, d'erreurs logicielles ou d'autres problèmes techniques.
- **Réglementation :** La situation juridique du Bitcoin est encore floue dans de nombreux pays. Les mesures réglementaires pourraient affecter la valeur et l'utilisation du Bitcoin.
- **Évolutivité :** Le réseau Bitcoin est actuellement incapable de gérer de gros volumes de transactions. Cela peut entraîner de longs délais d'attente et des frais de transaction élevés.
- **Durabilité :** Le minage de Bitcoin, le processus de création de nouveaux Bitcoins, utilise de grandes quantités d'énergie. Cela peut entraîner des problèmes environnementaux.
- **Risque de perte :** les portefeuilles Bitcoin peuvent être perdus ou volés. Puisqu'il n'existe aucune autorité centrale capable de remédier aux pertes, le risque de perte totale est élevé.
- **Utilisation criminelle :** Bitcoin a été utilisé dans le passé pour des activités illégales telles que le blanchiment d'argent et le trafic de drogue. Cela pourrait conduire à une image négative et à un durcissement de la réglementation.
- **Protection des investisseurs :** Il n'existe aucune protection des investisseurs pour les investissements Bitcoin. Les investisseurs sont donc exposés aux risques de fraude et de manipulation de marché.
- **Manque de valeur intrinsèque :** Contrairement aux actions ou aux obligations, qui représentent un droit à une certaine valeur ou à des flux de trésorerie futurs, le Bitcoin n'a aucune valeur intrinsèque. La valeur du Bitcoin repose uniquement sur l'offre et la demande.

- **Des barrières à l'entrée élevées :** exploiter des portefeuilles Bitcoin et utiliser les échanges Bitcoin peut être compliqué et déroutant pour les débutants.
- **Spread :** Bitcoin n'est pas encore largement utilisé et n'est pas accepté par de nombreuses entreprises et commerçants.
- **Avenir incertain :** L'avenir du Bitcoin est incertain. Il est possible que Bitcoin fasse son chemin et devienne un élément important du système financier mondial. Mais il est également possible que Bitcoin devienne moins important, voire disparaisse complètement.
- **Conclusion :** Bitcoin est un investissement risqué. Les investisseurs doivent être conscients des défis et des risques ci-dessus avant d'investir dans Bitcoin.

- *L'avenir de l'argent*

L'avenir de l'argent est un sujet débattu depuis longtemps. Il existe de nombreuses opinions différentes sur la façon dont l'argent évoluera à l'avenir. Certains pensent que les espèces seront complètement remplacées par les monnaies numériques, tandis que d'autres estiment que les espèces joueront toujours un rôle important.

Plusieurs tendances pourraient influencer l'avenir de la monnaie. Ceci comprend:

- **La numérisation croissante de l'économie mondiale :** de plus en plus de personnes utilisent des méthodes de paiement numériques telles que les cartes de crédit, les cartes de débit et les systèmes de paiement en ligne.

- **Le développement de nouvelles technologies :** Les nouvelles technologies telles que la blockchain et les crypto-monnaies pourraient potentiellement changer fondamentalement le système monétaire.
- **L'importance croissante des banques centrales :** Les banques centrales jouent un rôle de plus en plus important dans la régulation du système monétaire.

Il est difficile de dire avec certitude comment la monnaie évoluera à l'avenir. Il est toutefois probable que le système monétaire subira des changements importants dans les années et décennies à venir.

Scénarios possibles pour l'avenir de l'argent :

- **Système de paiement sans numéraire :** dans un système de paiement sans numéraire, toutes les transactions seraient traitées électroniquement. Cela augmenterait l'efficacité et la sécurité du système de paiement, mais pourrait également réduire la confidentialité et le contrôle des personnes sur leur argent.
- **Dominance des crypto-monnaies :** Les crypto-monnaies sont des monnaies numériques basées sur la technologie blockchain. Ils sont décentralisés et ne sont pas liés à une banque centrale ou à un gouvernement. Les crypto-monnaies pourraient jouer un rôle plus important à l'avenir, mais il existe également des défis tels qu'une forte volatilité et un manque de réglementation.

- **Monnaies numériques des banques centrales (CBDC)** : les CBDC sont des monnaies numériques émises par les banques centrales. Ils pourraient combiner les avantages des espèces et des monnaies numériques, mais ils pourraient également accroître le contrôle des banques centrales sur la masse monétaire.

L'avenir de l'argent est incertain, mais c'est une question importante pour tout le monde. Il est important de s'informer des évolutions possibles et de se préparer aux changements qui pourraient survenir.

Partie 2 : Bitcoin en pratique

Chapitre 4 : Acheter et vendre du Bitcoin

- *Échanges de Bitcoins*

Il existe une variété d'échanges Bitcoin qui varient en termes de frais, de volume de transactions, de crypto-monnaies prises en charge et de fonctionnalités. Voici quelques-uns des échanges Bitcoin les plus populaires :

Échanges centralisés :

- **Poulpes :** https://www.nhl.com/kraken/ - L'une des bourses Bitcoin les plus anciennes et les plus établies, avec une liquidité élevée et une large gamme de crypto-monnaies.
- **Binance :** https://www.binance.com/en - La plus grande bourse de crypto-monnaies au monde avec un volume de transactions énorme et une variété de crypto-monnaies et de paires de trading.
- **Coinbase :** https://www.coinbase.com/ - Un échange convivial idéal pour les débutants qui propose un nombre limité de crypto-monnaies.
- **Bitpanda :** https://www.bitpanda.com/en - Une bourse européenne avec une interface intuitive et axée sur la zone euro.

- **eToro :** https://www.etoro.com/ - Une plateforme de trading social qui propose également du trading de cryptomonnaies.

Échanges décentralisés :

- **Uniswap :** https://uniswap.org/ - Un échange décentralisé qui permet le trading de cryptomonnaies sans intermédiaires.
- **Échange de crêpes :** https://pancakeswap.finance/ - Un échange décentralisé sur la Binance Smart Chain spécialisé dans l'échange de jetons BEP-20.
- **SushiSwap :** https://www.sushi.com/ - Un échange décentralisé qui utilise des forks du code Uniswap et offre des fonctionnalités supplémentaires telles que le jalonnement et l'agriculture de rendement.

Plus d'échanges Bitcoin :

- **Bitcoin.de :** https://www.bitcoin.de/en - Une bourse allemande axée sur le Bitcoin et l'euro.
- **BSDEX :** https://www.bsdex.de/en/ - Une bourse allemande avec des normes de sécurité élevées et axée sur Bitcoin.
- **Nouri :** https://www.instagram.com/theofficialnuri/ - Une bourse allemande avec une interface intuitive et la possibilité d'acheter du Bitcoin par virement bancaire.

Note importante:

Avant de choisir un échange Bitcoin, vous devez vous renseigner sur les points suivants :

- **Frais** : Les frais de trading de Bitcoin peuvent varier considérablement. Comparez les frais des différents échanges avant d'en choisir un.
- **Volume des transactions** : Le volume des transactions d'une bourse est un indicateur de la liquidité du marché. Assurez-vous que la plateforme d'échange dispose d'un volume de transactions suffisant pour les crypto-monnaies souhaitées.
- **Sécurité** : La sécurité de votre Bitcoin est de la plus haute importance. Choisissez un échange avec une bonne réputation et des normes de sécurité élevées.
- **Crypto-monnaies prises en charge** : tous les échanges ne prennent pas en charge toutes les crypto-monnaies. Assurez-vous que l'échange propose les crypto-monnaies que vous souhaitez.
- **Caractéristiques** : Certaines bourses offrent des fonctionnalités supplémentaires telles que le jalonnement , le trading sur marge et les prêts. Ces fonctionnalités peuvent intéresser les traders expérimentés.

- *Méthodes de payement*

Il existe différentes méthodes de paiement pour acheter ou vendre du Bitcoin, qui peuvent différer selon la plateforme et la région. Voici quelques options courantes :

Lors de l'achat de Bitcoin :

- **Virement SEPA :** C'est la méthode la plus courante en Allemagne. Vous transférez simplement de l'argent de votre compte bancaire vers la plateforme sur laquelle vous souhaitez acheter du Bitcoin.
- **Carte de crédit ou de débit :** Certaines plateformes, telles que les fournisseurs de portefeuilles matériels, vous permettent d'acheter du Bitcoin à l'aide d'une carte de crédit ou de débit. Cependant, cela entraîne souvent des frais.
- **Trading express :** sur certaines plateformes, comme Bitcoin.de, vous pouvez choisir l'option de trading express. Le prix d'achat est immédiatement débité de votre compte bancaire auprès de la banque partenaire de la plateforme et vous recevez les Bitcoins en retour.
- **Trading peer-to-peer (P2P) :** Avec cette méthode, vous échangez directement avec d'autres personnes sans aucune plateforme intermédiaire. Les modes de paiement peuvent être très divers, du cash aux virements.

Lors de la vente de Bitcoin :

- **Transfert :** En règle générale, lors de la vente de Bitcoin sur une plateforme, vous recevrez les coordonnées bancaires vers lesquelles l'acheteur devra transférer l'argent.
- **Trading express :** sur certaines plateformes, comme Bitcoin.de, vous pouvez également vendre vos Bitcoins via le trading express. Le prix d'achat sera automatiquement transféré sur votre compte bancaire auprès de la banque partenaire de la plateforme.

Important à noter :

- La disponibilité des méthodes de paiement peut varier selon la plateforme et la région. Par conséquent, renseignez-vous toujours à l'avance sur les options disponibles sur la plateforme de votre choix.
- Il y a généralement des frais lors de l'achat de Bitcoin avec une carte de crédit ou de débit.
- Soyez particulièrement prudent lorsque vous négociez en peer-to-peer car le risque de fraude est plus élevé.

- *Sécurité lors de l'achat et de la vente de Bitcoin*

L'achat et la vente de Bitcoin comportent certains risques dont il est important d'être conscient. Voici quelques conseils pour augmenter la sécurité lors du trading de Bitcoin :

Choisir la bonne plateforme :

- Choisissez une plateforme de trading réputée et établie avec des normes de sécurité élevées.
- Renseignez-vous sur les frais et les conditions de trading de la plateforme.
- Faites attention aux avis et aux expériences des autres utilisateurs.

Sécurité du portefeuille :

- Utilisez un portefeuille sécurisé pour stocker vos Bitcoins.
- Les portefeuilles matériels stockés hors ligne sont recommandés.
- Sécurisez votre portefeuille avec un mot de passe fort et une authentification à 2 facteurs.

Transactions:

- Méfiez-vous des tentatives de phishing et des faux sites Web.
- Veuillez vérifier attentivement l'adresse du destinataire avant d'effectuer une transaction.
- Utilisez un mot de passe fort pour votre compte de trading.

Conseils généraux de sécurité :

- Découvrez les risques de sécurité actuels associés au Bitcoin.
- Gardez vos logiciels et systèmes d'exploitation à jour.
- Utilisez un programme antivirus fiable.
- Méfiez-vous des offres qui semblent trop belles pour être vraies.

Informations Complémentaires:

- Sécurité Bitcoin : [URL invalide supprimée]
- Portefeuilles Bitcoin : [URL invalide supprimée]
- Questions courantes sur la sécurité Bitcoin : [URL invalide supprimée]

Un avis:

Les conseils ci-dessus sont des conseils généraux et ne garantissent pas la sécurité de vos Bitcoins. Il est important que vous vous informiez sur les risques et que vous preniez les mesures de sécurité appropriées.

Chapitre 5 : Assurer la sécurité du Bitcoin

- *Types de portefeuilles Bitcoin*

Il existe différents types de portefeuilles Bitcoin, chacun ayant ses propres avantages et inconvénients. Les catégories les plus importantes sont :

Portefeuilles en ligne :

- Pratiques et faciles à utiliser car accessibles via un navigateur Web.
- Moins sécurisé que les autres types de portefeuilles car les clés privées sont stockées sur les serveurs du fournisseur.
- Convient aux petites quantités fréquemment utilisées.

Portefeuilles mobiles :

- Similaire aux portefeuilles en ligne, mais utilisable sur smartphones et tablettes.
- Pratique pour les paiements en déplacement.
- Niveau de sécurité similaire aux portefeuilles en ligne.

Portefeuilles de bureau :

- Logiciel installé sur votre ordinateur.
- Offre plus de contrôle sur les clés privées que les portefeuilles en ligne.
- Peut être plus vulnérable aux logiciels malveillants si l'ordinateur n'est pas correctement protégé.

Portefeuilles matériels :

- Appareils physiques qui stockent vos clés privées hors ligne.
- Offrez le plus haut niveau de sécurité car les clés privées ne sont jamais connectées à Internet.
- Peut être un peu plus compliqué à mettre en place pour les débutants.

Portefeuilles papier :

- Documents physiques sur lesquels sont imprimées vos clés publiques et privées.
- Extrêmement sécurisé car ils sont complètement hors ligne.
- Peut facilement être perdu ou endommagé.

Le choix du bon portefeuille dépend de vos besoins individuels et de votre tolérance au risque. Si vous souhaitez stocker de grandes quantités de Bitcoins, vous devriez envisager un portefeuille matériel. Pour les petits montants que vous utilisez fréquemment, un portefeuille mobile ou en ligne peut suffire.

Il est important de noter qu'avec tous les types de portefeuilles, vous devez toujours garder vos clés privées en sécurité. Si vous perdez vos clés privées, vous perdrez également l'accès à vos Bitcoins.

- *Pratiques de sécurité du portefeuille Bitcoin*

Les portefeuilles Bitcoin sont essentiels pour gérer en toute sécurité vos actifs numériques. Cependant, ils présentent également des risques pour la sécurité s'ils ne sont pas correctement protégés. Voici quelques pratiques de sécurité importantes à garder à l'esprit pour votre portefeuille Bitcoin :

Mots de passe forts et authentification à 2 facteurs (2FA) :

- Utilisez toujours **des mots de passe longs et complexes** contenant des lettres majuscules et minuscules, des chiffres et des caractères spéciaux. Évitez d'utiliser des informations personnelles ou des mots faciles à deviner.
- Activez **l'authentification à 2 facteurs (2FA)** pour votre portefeuille. Cela ajoute une couche de

sécurité supplémentaire en exigeant un deuxième code de vérification sur les transactions.

Choix du type de portefeuille :

- Choisissez une **application de portefeuille réputée et digne de confiance** . Recherchez et comparez différents fournisseurs avant de choisir une option.
- **Évitez de stocker des Bitcoins sur des portefeuilles en ligne** , sauf pour les petites sommes que vous utilisez régulièrement. Les portefeuilles en ligne sont plus vulnérables aux attaques. Pensez à utiliser **des portefeuilles matériels** pour des montants plus importants, car ceux-ci sont stockés hors ligne et offrent une couche de sécurité supplémentaire.

Soyez prudent lorsque vous partagez des informations :

- ****Ne partagez jamais**** vos clés privées ou vos phrases de départ avec qui que ce soit, y compris les employés des services d'assistance supposés. Les transactions Bitcoin sont irréversibles et l'accès à ces informations permet à d'autres de voler vos Bitcoins.
- -vous **des liens et des pièces jointes contenus** dans les e-mails ou les messages qui prétendent provenir de services légitimes tels que des bourses ou des fournisseurs de portefeuilles. Il peut s'agir de tentatives de phishing visant à voler vos informations d'identification.

Sauvegardes régulières :

- Faites **des sauvegardes régulières** des données de votre portefeuille, en particulier pour les portefeuilles matériels. Conservez ces sauvegardes dans un endroit sûr, séparé de votre ordinateur ou smartphone.

Mises à jour et protection antivirus :

- Gardez toujours **le logiciel de votre portefeuille et votre système d'exploitation à jour** pour bénéficier des dernières mises à jour de sécurité.
- Utilisez **un logiciel antivirus à jour et fiable** sur votre appareil pour vous protéger contre les logiciels malveillants qui pourraient attaquer votre portefeuille.

Conseils supplémentaires :

- Méfiez- **vous des promesses de bénéfices irréalistes** associées à l'investissement Bitcoin.
- **Apprenez-en autant que possible** sur Bitcoin et les risques encourus avant d'investir.

Grâce à ces pratiques de sécurité, vous pouvez réduire considérablement le risque de vol ou de perte de vos Bitcoins. N'oubliez pas qu'une prudence constante et l'utilisation de mesures de sécurité fiables sont essentielles à la protection de vos actifs numériques.

- *Portefeuilles matériels*

Les portefeuilles matériels sont considérés comme la méthode la plus sûre pour stocker des Bitcoins. Ils agissent essentiellement comme de petits ordinateurs sécurisés qui stockent vos clés privées hors ligne. Contrairement aux portefeuilles logiciels stockés sur les ordinateurs ou les smartphones, les portefeuilles matériels ne peuvent pas être infectés par des pirates, même si l'appareil auquel ils sont connectés est compromis.

Voici quelques points clés concernant les portefeuilles matériels pour Bitcoin :

- **Haute sécurité** : vos clés privées ne sont jamais stockées en ligne, ce qui les protège des attaques de logiciels malveillants et de pirates informatiques.
- **Signature de transactions** : vous pouvez signer en toute sécurité des transactions sur le portefeuille matériel avant qu'elles ne soient envoyées au réseau.
- **Facilité d'utilisation** : les portefeuilles matériels modernes sont faciles à utiliser et disposent souvent d'interfaces utilisateur intuitives.
- **Fabricants renommés** : les marques populaires de portefeuilles matériels incluent Ledger et Trezor .

Il est important d'acheter votre portefeuille matériel auprès d'un détaillant réputé et de suivre attentivement les précautions de sécurité du fabricant. Cela inclut notamment le stockage en toute sécurité de votre phrase de récupération, qui est nécessaire pour récupérer votre solde Bitcoin en cas de perte ou de dommage du portefeuille matériel.

Chapitre 6 : Utiliser Bitcoin

- *Paiements Bitcoin dans le trading en ligne*

Avantages :

- **Rapide et sécurisé :** les transactions Bitcoin sont généralement traitées rapidement et sont très sécurisées grâce à la technologie blockchain.
- **Bon marché :** les frais de transaction pour les paiements Bitcoin sont nettement inférieurs à ceux des cartes de crédit ou d'autres méthodes de paiement.
- **Mondial :** Bitcoin est une monnaie mondiale qui peut être utilisée dans le monde entier. Ceci est particulièrement avantageux pour les commerçants servant des clients internationaux.
- **Anonymat :** les paiements Bitcoin peuvent être effectués de manière anonyme. Cela peut être bénéfique tant pour les acheteurs que pour les vendeurs.

Désavantages:

- **Volatilité** : Le prix du Bitcoin fluctue considérablement. Cela peut présenter un risque pour les traders car ils doivent atténuer les fluctuations de prix.
- **Complexité** : L'utilisation de Bitcoin peut être compliquée pour certains acheteurs et vendeurs.
- **Acceptation** : Bitcoin n'est pas encore aussi répandu que les autres méthodes de paiement.

Acceptation des paiements Bitcoin :

De plus en plus de détaillants en ligne acceptent les paiements Bitcoin. Certains des fournisseurs les plus connus sont :

- **Shopify**
- **Etsy**
- **Surstock**
- **Nouvel œuf**
- **Microsoft**

Voici comment fonctionne le paiement avec Bitcoin :

Pour payer avec Bitcoin dans le trading en ligne, vous avez besoin de :

- **Un portefeuille Bitcoin** : Il s'agit d'un portefeuille numérique dans lequel vous pouvez stocker vos Bitcoins.
- **Bitcoins** : Vous pouvez acheter des Bitcoins sur un échange Bitcoin ou les recevoir d'autres personnes.

Procéder:

1. Dans la boutique en ligne, sélectionnez l'option « Paiement Bitcoin ».
2. Entrez l'adresse Bitcoin du magasin.
3. Transférez le montant Bitcoin de votre portefeuille à l'adresse du magasin.
4. La transaction est vérifiée sur la blockchain.
5. Une fois la transaction confirmée, votre commande sera expédiée.

Conclusion:

Les paiements Bitcoin offrent plusieurs avantages tant pour les acheteurs que pour les vendeurs. L'acceptation du Bitcoin augmente régulièrement et payer avec Bitcoin est simple et sécurisé.

Informations Complémentaires:

- Wiki Bitcoin : https://en.bitcoin.it/wiki/Main_Page
- FAQ Bitcoin : https://bitcoin.org/faq

- *Acceptation du Bitcoin dans le monde réel*

L'acceptation du Bitcoin comme moyen de paiement dans le monde réel ne cesse de croître, mais il reste encore certains défis à surmonter.

Progrès:

- **De nombreuses entreprises acceptent le Bitcoin :**

- De grandes entreprises comme Tesla, Microsoft et PayPal acceptent Bitcoin comme mode de paiement.
  - De nombreuses petites entreprises et détaillants de divers secteurs, tels que les restaurants, les hôtels et les boutiques en ligne, proposent également des paiements Bitcoin.
- **Distributeurs automatiques de Bitcoin :**
  - Il existe plus de 38 000 guichets automatiques Bitcoin dans le monde où vous pouvez acheter et vendre des Bitcoins.
  - Cela rend Bitcoin plus facile d'accès pour les personnes non bancarisées ou qui ne souhaitent pas acheter de crypto-monnaies en ligne.
- **Intégration dans les systèmes financiers :**
  - Les échanges cryptographiques et les portefeuilles facilitent l'achat, la vente et la détention de Bitcoin.
  - Certaines banques et prestataires de paiement proposent des services Bitcoin, tels que la garde Bitcoin ou la possibilité d'envoyer et de recevoir des paiements Bitcoin.

Défis:

- **Volatilité:**
  - La valeur du Bitcoin peut fluctuer considérablement, ce qui rend son utilisation comme moyen de paiement peu attrayante pour certaines entreprises et consommateurs.
- **Régulation:**
  - La réglementation du Bitcoin et des crypto-monnaies est incohérente à l'échelle mondiale,

ce qui peut rendre difficile leur adoption par les entreprises.
- **Obstacles techniques :**
  - Tout le monde n'a pas les connaissances techniques ou l'infrastructure nécessaires pour utiliser les paiements Bitcoin.
- **Compréhension et acceptation :**
  - Le Bitcoin est encore une technologie relativement nouvelle et de nombreuses personnes ignorent ses avantages et ses risques.

Avenir:

L'adoption réelle du Bitcoin devrait continuer de croître au cours des prochaines années. Les facteurs suivants pourraient favoriser cela :

- **Développement de l'infrastructure Bitcoin :**
  - Le développement de portefeuilles Bitcoin, de processeurs de paiement et d'autres solutions rendra l'utilisation de Bitcoin plus facile et plus pratique.
- **Implication institutionnelle :**
  - Si davantage d'investisseurs institutionnels investissent dans Bitcoin, cela pourrait accroître son adoption par les entreprises et les consommateurs.
- **Clarté réglementaire :**

- Des cadres réglementaires plus clairs pourraient encourager les entreprises à adopter Bitcoin.

En résumé, l'adoption du Bitcoin dans le monde réel augmente, mais il reste encore quelques défis à relever. Le développement de l'infrastructure Bitcoin, la participation des investisseurs institutionnels et une réglementation plus claire pourraient favoriser davantage l'adoption du Bitcoin dans les prochaines années.

Informations Complémentaires:

- Carte d'acceptation Bitcoin : https://coinmap.org/

- *Applications Bitcoin*

Bitcoin est la crypto-monnaie la plus connue et aussi la première application de la technologie blockchain.

Bitcoin comme moyen de paiement :

- **Paiements en ligne :** Bitcoin peut être utilisé pour acheter des biens et des services en ligne.
- **Paiements hors ligne :** de plus en plus de magasins acceptent Bitcoin comme mode de paiement.
- **Paiements transfrontaliers :** les transactions Bitcoin sont transfrontalières et gratuites.

- **Dons** : Bitcoin peut être utilisé pour des dons à des ONG et à d'autres organisations.

Bitcoin comme investissement :

- **Réserve de valeur** : Bitcoin peut servir de réserve de valeur en période d'inflation.
- **Classe d'actifs** : Bitcoin peut être utilisé comme classe d'actifs alternative aux actions et aux obligations.
- **Spéculation** : Bitcoin peut être utilisé à des fins de spéculation en raison de sa volatilité.

Autres applications de la technologie Bitcoin :

- **Smart Contracts** : Les applications décentralisées (dApps) sur la blockchain Bitcoin permettent l'exécution automatisée des contrats.
- **Gestion des identités** : Bitcoin peut être utilisé pour stocker en toute sécurité des données d'identité.
- **Gestion de la chaîne d'approvisionnement** : la blockchain peut être utilisée pour suivre les marchandises dans la chaîne d'approvisionnement.

Limites du Bitcoin :

- **Volatilité** : Le prix du Bitcoin fluctue considérablement.
- **Évolutivité** : La blockchain Bitcoin n'est pas aussi évolutive que les autres blockchains.
- **Acceptation** : Bitcoin n'est pas encore aussi répandu que les monnaies traditionnelles.

L'avenir du Bitcoin :

L'avenir du Bitcoin est incertain. Il est possible que Bitcoin devienne une monnaie mondiale. Mais il est également possible que Bitcoin soit remplacé par d'autres cryptomonnaies ou technologies.

Informations Complémentaires:

- Wiki Bitcoin : https://en.bitcoin.it/wiki/Main_Page
- FAQ Bitcoin : https://bitcoin.org/faq
- Taux Bitcoin : https://coinmarketcap.com/currencies/bitcoin/

Partie 3 : Sujets avancés

Chapitre 7 : Exploitation minière de Bitcoin

- *Comment fonctionne le minage de Bitcoin ?*

Bases :

- **Blockchain** : Bitcoin utilise une blockchain pour stocker les transactions. Les nouvelles transactions sont regroupées en blocs et ajoutées à la blockchain.
- **Mineurs** : Les mineurs sont des ordinateurs qui créent ces blocs et sécurisent la blockchain.
- **Matériel minier** : les mineurs ont besoin d'un matériel spécialisé pour résoudre des problèmes mathématiques complexes.
- **Récompense** : Le premier mineur à résoudre un problème reçoit des Bitcoins en récompense.

Processus:

1. **Transactions** : les transactions Bitcoin sont diffusées sur le réseau.
2. **Formation de blocs** : les mineurs collectent les transactions et les regroupent en blocs.
3. **Hachage** : Le bloc est chiffré grâce à un algorithme de hachage.
4. **Exploitation minière** : les mineurs essaient de trouver une valeur de hachage spécifique qui valide le bloc.

5. **Validation** : le premier mineur à trouver la valeur de hachage valide le bloc et l'ajoute à la blockchain.
6. **Récompense** : Le mineur reçoit des Bitcoins en récompense.

Niveau de difficulté:

- La difficulté du problème de hachage est automatiquement ajustée.
- Objectif : Temps de bloc d'environ 10 minutes.
- Augmentation du hashrate -> difficulté plus élevée.

Aujourd'hui:

- **Cloud mining : possibilité de** miner sans son propre matériel.
- **Pools de minage :** les mineurs mettent en commun leur puissance de calcul.
- **Coûts énergétiques élevés :** le minage de Bitcoin consomme beaucoup d'électricité.

Informations Complémentaires:

- Minage de Bitcoin : qu'est-ce que c'est et comment fonctionne le minage ? - Bitpanda : https://www.bitpanda.com/academy/de/lektionen/what-is-bitcoin-mining-and-how-works-it
- Minage de Bitcoin : explication, consommation d'énergie et co - WirtschaftsWoche : https://www.wiwo.de/finanzen/boerse/bitcoin-mining-erklaert-wie-funktioniert-bitcoin-mining-und-

wie-hoch-ist-der-consommation-d'énergie-réellement/28866416.html
- Comment fonctionne le minage de Bitcoin ? Le minage de crypto-monnaie expliqué clairement | Groupe ETC : https://etc-group.com/de/blog/krypto-handbook/krypto-mining/

- *Matériel et logiciels miniers*

Le minage de Bitcoin nécessite du matériel spécialisé conçu pour effectuer des calculs mathématiques complexes. Ce matériel sera comme **Mineur ASIC** (Circuit intégré spécifique à une application).

Ouvre dans une nouvelle fenêtre
a www.amazon.de
Mineur ASIC pour Bitcoin

Les mineurs ASIC sont des appareils puissants spécialement conçus pour le minage de Bitcoin. Ils sont nettement plus efficaces que les CPU ou GPU (Graphics Processing Units) précédemment utilisés pour le minage.

Logiciel de minage de Bitcoin

En plus du matériel, vous avez également besoin d'un logiciel spécial pour exploiter Bitcoin. Le logiciel connecte votre mineur ASIC au réseau Bitcoin et vous permet de résoudre les blocs qui génèrent de nouveaux Bitcoins.

Certains logiciels de minage de Bitcoin populaires sont :

- **CGMiner** : Un logiciel open source compatible avec une large gamme de mineurs ASIC.
- **BFGMiner** : Un autre logiciel open source connu pour sa simplicité d'utilisation.
- **EasyMiner** : Un logiciel facile à utiliser qui convient aux débutants.

Il est important de noter que le minage de Bitcoin peut être rentable, mais il s'agit également d'une activité très compétitive. Avant de commencer l'exploitation minière, vous devez faire vos recherches approfondies et examiner attentivement les coûts et les risques impliqués.

- . La rentabilité du minage de Bitcoin

La rentabilité du minage de Bitcoin dépend de plusieurs facteurs qui peuvent constamment changer :

1. **Cours Bitcoin :**

- Le facteur le plus important est le prix du Bitcoin. Si le prix augmente, la rentabilité du minage augmente également. Si le prix baisse, la rentabilité diminue.
- Actuellement (au 3 mars 2024), le prix du Bitcoin est d'environ 48 000 USD.

2. **Difficulté minière :**

- La difficulté du minage augmente avec le nombre de mineurs. Plus il y a de mineurs, plus il devient difficile de trouver un bloc et d'obtenir la récompense.
- La difficulté est réajustée tous les 2 016 blocs (environ toutes les deux semaines).

3. **Frais d'électricité :**

- Le coût de l'électricité est un autre facteur important. Plus les coûts de l'électricité sont élevés, moins l'exploitation minière est rentable.
- La consommation énergétique des appareils de minage de Bitcoin peut être très élevée.
- Il est important de choisir un emplacement avec des coûts d'électricité bon marché pour augmenter la rentabilité.

4. Coûts du matériel :

- Le coût du matériel minier est également un facteur important.
- Il existe différents types de matériel de minage tels que : B. Mineur ASIC et mineur GPU.
- Les mineurs ASIC sont plus puissants et efficaces que les mineurs GPU, mais sont également plus chers.

5. Pool minier :

- De nombreux mineurs rejoignent un pool minier pour augmenter leurs chances de recevoir des récompenses.
- Dans un pool minier, les blocs sont extraits ensemble et la récompense est répartie entre les participants.

Calculateur de rentabilité :

Il existe différents calculateurs de rentabilité en ligne que vous pouvez utiliser pour calculer la rentabilité du minage de Bitcoin .

Exemple:

- Avec un prix actuel du Bitcoin de 48 000 $, un coût d'électricité de 0,10 $/kWh et un mineur ASIC avec un hashrate de 100 TH/s, un mineur gagnerait environ 10 $ par jour.

Conclusion:

La rentabilité du minage de Bitcoin peut changer rapidement. Il est important de prendre en compte tous les facteurs avant de commencer l'exploitation minière.

Informations Complémentaires:

- Calculateur de rentabilité minière Bitcoin : https://www.nicehash.com/profitability-calculator
- Bitcoin Mining : Explication, consommation d'énergie et co. : https://www.wiwo.de/finanzen/boerse/bitcoin-mining-erklaert-wie-funktioniert-bitcoin-mining-und-wie-hoch-ist-der-energieverbrauch-vraiment/28866416.html
- Le minage de Bitcoin est- il rentable ? : https://fastercapital.com/de/content/Ist-Bitcoin-Mining-profitable.html

Chapitre 8 : Réseau Lightning

- *Solutions de mise à l'échelle pour Bitcoin*

Bitcoin fait face à un défi : **l'évolutivité**. Le réseau est conçu pour être sécurisé en limitant le nombre de transactions par seconde. Cependant, cela entraîne des délais de transaction lents et des frais élevés lorsque la demande augmente.

Pour résoudre ce problème, diverses **solutions de mise à l'échelle ont été** proposées :

- **Lightning Network :** Le Lightning Network est un réseau de paiement de « couche 2 » construit au-dessus de la blockchain Bitcoin. Il permet des transactions rapides et peu coûteuses en dehors de la chaîne principale en ouvrant des canaux de paiement entre les participants. Ces canaux traitent les transactions en dehors de la blockchain et ne sont enregistrés sur la blockchain qu'en cas de litige.
- **Augmenter la taille du bloc :** Une autre approche consiste à augmenter la taille du bloc. Cela permettrait d'inclure davantage de transactions dans chaque bloc, augmentant ainsi la vitesse des transactions. Cependant, certains craignent que cela puisse avoir un impact sur la décentralisation et la sécurité du réseau, car cela rendrait plus difficile pour les mineurs individuels le stockage et la validation de l'intégralité de la blockchain.
- **SegWit (Séparé Témoin):** SegWit est un soft fork qui ne modifie pas la taille des blocs, mais modifie la structure des données des blocs. Cela crée plus d'espace pour les données de transaction sans compromettre la sécurité. SegWit est déjà implémenté et pris en charge par la plupart des nœuds complets Bitcoin .
- **Signatures Schnorr :** les signatures Schnorr sont un autre soft fork qui peut réduire la taille des transactions. Cela permettrait à son tour plus de transactions dans chaque bloc. La mise en œuvre des signatures Schnorr est toujours en discussion.

Il est important de noter que le débat sur la mise à l'échelle du Bitcoin reste controversé. Les partisans des différentes solutions ont des points de vue différents sur a meilleure approche pour Bitcoin. Il est probable qu'une combinaison de différentes solutions sera utilisée à l'avenir pour améliorer l'évolutivité du Bitcoin.

- Le réseau Lightning en détail

Le Lightning Network : paiements rapides pour Bitcoin

Le Lightning Network (LN) est une technologie innovante conçue pour améliorer l'évolutivité de Bitcoin. Il s'agit d'une « solution de deuxième couche » construite sur la blockchain Bitcoin existante.

Voici quelques aspects importants du Lightning Network :

Problème : Bitcoin a actuellement des vitesses de transaction limitées car chaque transaction doit être stockée sur la blockchain. Cela peut entraîner des transactions lentes et coûteuses.

Solution : Le Lightning Network permet aux utilisateurs d'effectuer des transactions **hors de** la blockchain. Ces transactions « hors chaîne » sont nettement plus rapides et moins chères que les transactions Bitcoin classiques.

Fonctionnalité :

- **Canaux :** les utilisateurs ouvrent entre eux des « canaux » dans lesquels ils « détiennent » des Bitcoins. Ils peuvent ensuite envoyer autant de paiements qu'ils le souhaitent au sein de ces canaux sans mettre à rude épreuve la blockchain.
- **Contrats intelligents :** Les chaînes utilisent des contrats spéciaux (contrats intelligents) qui garantissent que les Bitcoins détenus ne peuvent être payés qu'au destinataire légitime.
- **Règlement :** si les utilisateurs du canal ne parviennent pas à se mettre d'accord, la somme initiale peut être restaurée sur la blockchain.

Avantages :

- **Transactions rapides :** les paiements sur le Lightning Network sont presque **instantanés**.
- **Frais réduits :** les frais pour les transactions sur le Lightning Network sont nettement inférieurs à ceux de la blockchain.
- **Évolutivité :** le réseau Lightning permet à Bitcoin d'évoluer à mesure que les volumes de transactions augmentent.

Désavantages :

- **Complexité :** Le Lightning Network est technologiquement plus complexe que l'utilisation de la blockchain Bitcoin elle-même.
- **Sécurité :** Bien que la sécurité des Bitcoins sous-jacents soit garantie par la blockchain, il existe des risques supplémentaires avec le Lightning Network, tels que : B. la possibilité qu'un nœud de canal

tombe en panne et que les Bitcoins qu'il contient soient perdus.
- **Adoption :** Le Lightning Network est encore en développement et n'est pas encore pris en charge par tous les fournisseurs Bitcoin.

Conclusion:

Le Lightning Network est une solution prometteuse pour l'évolutivité du Bitcoin. Il permet des transactions plus rapides et moins coûteuses, ce qui pourrait accroître l'acceptation du Bitcoin dans la vie quotidienne. Cependant, il reste également des défis à relever à l'avenir.

- *Utilisation du réseau Lightning*

Le Lightning Network (LN) offre un moyen rapide et abordable d'effectuer des paiements Bitcoin. Voici les points clés d'utilisation :

Bases :

- **Solution hors chaîne :** LN fonctionne en dehors de la blockchain Bitcoin, rendant les transactions plus rapides et moins chères.
- **Canaux de paiement :** les participants au LN ouvrent des canaux bilatéraux dans lesquels ils verrouillent les Bitcoins pour les transactions entre eux.

- **Routage** : les paiements peuvent passer par plusieurs canaux pour arriver au nœud de destination.

Exigences:

- **Lightning Wallet** : vous avez besoin d'un portefeuille spécial prenant en charge LN. Les options populaires incluent Blue Wallet et Phoenix Wallet.
- **Bitcoin** : pour utiliser LN, vous avez besoin de Bitcoins, que vous transférez sur votre portefeuille LN.

Processus:

1. **Ouvrir un canal** : vous et votre partenaire commercial ouvrez un canal avec une quantité définie de Bitcoin.
2. **Transactions** : au sein du canal, vous pouvez envoyer autant de paiements que vous le souhaitez tant que le canal est ouvert.
3. **Fermer le canal** : dès que vous arrêtez de planifier d'autres transactions, le canal sera fermé et les Bitcoins restants seront retransférés vers la blockchain Bitcoin.

Avantages :

- **Transactions rapides** : les paiements sur le réseau LN sont quasi instantanés.
- **Frais faibles** : les frais de transaction sur LN sont nettement inférieurs à ceux de la blockchain Bitcoin.
- **Confidentialité** : les transactions LN sont parfois plus anonymes que les transactions sur la blockchain.

Désavantages:

- **Complexité** : l'utilisation de LN nécessite une compréhension technique et comporte certains risques.
- **Nouvelle technologie** : LN est encore en développement et peut être instable.
- **Tous les fournisseurs** ne prennent pas encore en charge LN.

Où puis-je trouver plus d'informations ?

Pour en savoir plus sur l'utilisation du Lightning Network, vous pouvez utiliser différentes sources :

- **Instructions sur les sites Web des fournisseurs de portefeuille Lightning** : ceux-ci fournissent souvent des instructions détaillées, étape par étape.
- **Articles et didacticiels en ligne** : il existe de nombreuses ressources en ligne qui expliquent le fonctionnement de Infor LN et comment l'utiliser.
- **Communautés Bitcoin** : les forums et les groupes de discussion offrent la possibilité d'échanger des idées avec d'autres utilisateurs de LN et de poser des questions.

Chapitre 9 : Technologie Bitcoin et Blockchain

- *Domaines d'application de la blockchain*

La technologie Blockchain a le potentiel de révolutionner diverses industries et domaines d'application. Voici quelques exemples :

Finance:

- **Crypto-monnaies** : Bitcoin, Ethereum et autres crypto-monnaies sont basées sur la technologie blockchain.
- **Paiements transfrontaliers** : la blockchain peut rendre les transactions plus rapides, moins chères et plus transparentes.
- **Négociation de titres** : la blockchain peut rendre le trading d'actions, d'obligations et d'autres actifs plus efficace et plus sûr.

Chaîne d'approvisionnement:

- **Suivi des marchandises** : la blockchain peut rendre plus transparents l'origine et le transport des marchandises dans la chaîne d'approvisionnement.
- **Prévention de la contrefaçon** : la blockchain peut garantir l'authenticité des produits et lutter contre la contrefaçon.
- **Optimisation de la chaîne d'approvisionnement** : la blockchain peut améliorer l'efficacité de la chaîne d'approvisionnement grâce à des contrats intelligents et des processus automatisés.

Gestion des identités :

- **Identités sécurisées** : la blockchain peut stocker et gérer les identités des personnes de manière sécurisée et décentralisée.
- **Utilisation autodéterminée des données** : la blockchain peut donner aux gens le contrôle de leurs propres données et leur permettre de décider qui y a accès.
- **Prévention du vol d'identité** : la blockchain peut augmenter la sécurité des identités et rendre le vol d'identité plus difficile.

Soins de santé:

- **Dossiers de santé électroniques** : la blockchain peut rendre le stockage et l'échange de données de santé plus sûrs et plus efficaces.
- **Recherche médicale** : la blockchain peut améliorer la collaboration entre les chercheurs et l'utilisation des données de santé à des fins de recherche.
- **Assurance** : la blockchain peut rendre le traitement des réclamations d'assurance plus efficace et plus transparent.

Administration publique:

- **Systèmes de vote** : la blockchain peut améliorer la sécurité et la transparence des élections.
- **Enregistrement foncier** : la blockchain peut rendre la gestion des titres fonciers et autres actifs plus efficace et transparente.
- **Impôts** : la blockchain peut rendre la collecte des impôts plus efficace et plus équitable.

Ce ne sont là que quelques exemples des domaines d'application de la technologie blockchain. Le potentiel de cette technologie est loin d'être épuisé et on s'attend à ce que d'autres applications innovantes soient développées dans les années à venir.

Pour plus d'informations, voir :

- https://www.bundesnetzagentur.de/DE/Fachthemen/Digitalisierung/Technologien/Blockchain/BC_Netzsector/start.html
- https://www.sap.com/products/artificial-intelligence/what-is-blockchain.html
- https://www.ibm.com/blockchain
- https://www.fit.fraunhofer.de/en/business-areas/cooperation-systems/blockchain.html
- https://ch.linkedin.com/in/julienweissenberg

- *Applications décentralisées (dApps)*

Que sont les dApps ?

Les applications décentralisées (dApps) sont des applications logicielles basées sur un réseau décentralisé, tel qu'une blockchain. Contrairement aux applications traditionnelles qui s'exécutent sur un serveur central et sont contrôlées par une seule entité, les dApps sont :

- **Décentralisés** : ils fonctionnent sur un réseau distribué d'ordinateurs, ce qui les rend plus résistants aux pannes et aux falsifications.
- **Transparent** : Le code des dApps est visible par tous, rendant la fonctionnalité de l'application transparente et vérifiable.
- **Sécurisé** : les données des dApps sont stockées sur la blockchain, qui offre une sécurité et une immuabilité élevées.
- **Sans autorisation** : Les dApps sont accessibles et utilisables par n'importe qui sans nécessiter l'autorisation d'une autorité centrale.

Comment fonctionnent les dApps ?

Les dApps se composent de deux composants principaux :

- **Smart Contracts** : Ce sont des programmes autonomes qui fonctionnent sur la blockchain. Ils définissent les règles et le fonctionnement de la dApp .
- **Interface utilisateur** : il s'agit de l'interface graphique avec laquelle les utilisateurs de dApp interagissent.

Exemples de dApps :

Il existe déjà une variété de dApps dans différents domaines, tels que : Par exemple.:

- **Finance décentralisée (DeFi)** : dApps , qui offrent des services financiers tels que des prêts, des échanges et des intérêts sans nécessiter l'intervention de banques ou d'autres institutions financières.

- **Jeux:** dApps, qui permettent aux joueurs de posséder et d'échanger des actifs numériques, de jouer à des jeux et d'interagir de toute autre manière avec d'autres joueurs.
- **Réseaux sociaux:** dApps, qui permettent aux utilisateurs de contrôler leurs données et de partager leur contenu de manière décentralisée.
- **Gestion des identités :** Des dApps qui permettent aux utilisateurs de s'autogérer et de stocker en toute sécurité leur identité.

Avantages des dApps :

Les dApps offrent plusieurs avantages par rapport aux applications traditionnelles, tels que : Par exemple.:

- **Plus de sécurité :** Les dApps sont mieux protégées contre les attaques de pirates et la manipulation de données grâce à la technologie blockchain.
- **Plus de transparence :** le code et les données des dApps sont visibles par tous, ce qui rend le fonctionnement de l'application plus transparent et vérifiable.
- **Moins de contrôle par des tiers :** Les dApps ne sont pas contrôlées par une seule entité, ce qui donne aux utilisateurs plus de contrôle sur leurs données et leurs activités.
- **Une plus grande liberté :** Les dApps sont accessibles et utilisables par n'importe qui sans nécessiter l'autorisation d'une autorité centrale.

Défis des dApps :

Les dApps sont également confrontées à certains défis, tels que : Par exemple. :

- **Complexité** : le développement et l'utilisation de dApps peuvent être complexes pour les utilisateurs non techniques.
- **Évolutivité** : la plupart des dApp en sont encore aux premiers stades de développement et n'ont pas encore atteint l'évolutivité nécessaire pour rivaliser avec les applications traditionnelles.
- **Réglementation** : le cadre juridique des dApps est encore flou, ce qui peut entraîner des défis réglementaires.

L'avenir des dApps :

Les dApps ont le potentiel de changer fondamentalement la façon dont nous interagissons avec les applications logicielles. Les avantages des dApps , tels que : Une meilleure sécurité, plus de transparence et moins de contrôle par des tiers pourraient conduire les dApps à jouer un rôle de plus en plus important à l'avenir.

Informations Complémentaires:

- https://de.wikipedia.org/wiki/Dezentrales_Finanzwesen

- https://coinmarketcap.com/view/dapp/

- *L'avenir de la technologie blockchain*

L'avenir de la technologie blockchain fait l'objet de nombreuses spéculations et débats. Il existe de nombreuses opinions différentes sur la manière dont la technologie évoluera dans les années à venir et sur son impact sur différentes industries.

Potentiel de la technologie blockchain :

- **Décentralisation et transparence :** la technologie Blockchain peut aider à décentraliser les processus et à les rendre plus transparents. Cela peut conduire à une plus grande confiance et à une plus grande efficacité dans divers domaines, tels que : B. en finance, chaîne d'approvisionnement et administration.
- **Sécurité et protection des données :** La technologie Blockchain offre un haut niveau de sécurité et de protection des données. Les données de la blockchain sont cryptées et immuables, ce qui

les protège des manipulations et des attaques de pirates.
- **Efficacité et automatisation** : la technologie Blockchain peut rendre les processus plus efficaces et automatisés. Cela peut entraîner des économies de coûts et un traitement plus rapide des transactions.

Défis de la technologie Blockchain :

- **Évolutivité** : la technologie Blockchain dans sa forme actuelle n'est pas encore suffisamment évolutive pour être utilisée pour des applications de masse. Cependant, des solutions sont en cours d'élaboration pour résoudre ce problème.
- **Réglementation** : La réglementation de la technologie blockchain est encore floue. Il n'existe toujours pas de normes ni de lois uniformes régissant l'utilisation de cette technologie.
- **Acceptation** : L'acceptation de la technologie blockchain est encore relativement faible. Il est important d'éduquer le public sur les avantages de la technologie et de lui donner confiance dans son fonctionnement.

Domaines d'application possibles :

- **Finance** : crypto-monnaies, systèmes financiers décentralisés (DeFi), traitement des paiements
- **Supply chain** : traçabilité des marchandises, transparence de la supply chain, prévention des contrefaçons
- **Administration** : gestion des identités, vote numérique, cadastre
- **Santé** : sécurité des données, dossiers patients, protection contre la contrefaçon des médicaments
- **Industrie de l'énergie** : marchés de l'énergie décentralisés, réseau électrique intelligent

En conclusion, la technologie blockchain a un grand potentiel pour révolutionner diverses industries. Cependant, certains défis doivent encore être surmontés avant que la technologie puisse atteindre son plein potentiel.

Pièce jointe

Glossaire des termes importants

Bitcoin :

- Une monnaie numérique introduite par Satoshi Nakamoto en 2009.
- Décentralisé et peer-to-peer, ce qui signifie qu'il n'y a pas d'autorité centrale contrôlant Bitcoin.
- Les transactions sont stockées sur une blockchain, un registre public et immuable.

Chaîne de blocs :

- Une base de données décentralisée qui stocke les transactions en blocs.
- Les blocs sont enchaînés ensemble, ce qui rend la blockchain inviolable.
- La blockchain sert de base au Bitcoin et à d'autres crypto-monnaies.

Crypto-monnaie :

- Une monnaie numérique qui utilise la cryptographie pour sécuriser les transactions et générer de nouvelles unités.
- Le Bitcoin est la première et la plus connue des crypto-monnaies, mais il en existe bien d'autres.
- Les cryptomonnaies peuvent être utilisées comme moyen de paiement, investissement ou objet de spéculation.

Monnaie fiduciaire :

- Une monnaie émise par un gouvernement ou une banque centrale.
- Les monnaies fiduciaires n'ont pas de valeur intrinsèque mais reposent sur la confiance dans l'institution émettrice.
- Des exemples de monnaies fiduciaires incluent l'euro, le dollar et le yen.

Satoshi :

- La plus petite unité de Bitcoin.
- Un Satoshi équivaut à un cent millionième de Bitcoin (0,00000001 BTC).
- Les Satoshis sont souvent utilisés pour de petites transactions.

Exploitation minière:

- Le processus de validation des transactions et d'ajout de nouveaux blocs à la blockchain.
- Les mineurs utilisent des ordinateurs puissants pour résoudre des problèmes mathématiques complexes.
- En récompense du minage, les mineurs reçoivent de nouveaux Bitcoins.

Portefeuille:

- Un portefeuille numérique qui peut être utilisé pour stocker des Bitcoins.
- Il existe différents types de portefeuilles, par ex. Par exemple, les portefeuilles logiciels, les portefeuilles matériels et les portefeuilles papier.

- Le choix du bon portefeuille dépend des besoins individuels de l'utilisateur.

Réduire de moitié :

- Un événement qui se produit tous les quatre ans et au cours duquel la récompense pour l'extraction de Bitcoins est réduite de moitié.
- La réduction de moitié vise à limiter l'inflation du Bitcoin.
- La dernière réduction de moitié a eu lieu en mai 2020.

Volatilité:

- Une mesure des fluctuations de prix d'une cryptomonnaie.
- Le Bitcoin est une crypto-monnaie très volatile, ce qui signifie que son prix peut fluctuer considérablement.
- Les investisseurs doivent être conscients de la volatilité avant d'investir dans Bitcoin.

Clause de non-responsabilité:

- Ces informations sont fournies à titre informatif uniquement et ne constituent pas un conseil en investissement.
- Investir dans les crypto-monnaies est spéculatif et comporte un degré de risque élevé.
- Les investisseurs ne devraient investir que l'argent qu'ils peuvent se permettre de perdre.

Ressources additionnelles:

- Wiki Bitcoin : https://en.bitcoin.it/wiki/Main_Page

- Bitcoin Core : https://bitcoincore.org/
- Explorateur de blocs : https://www.blockchain.com/explorer

Un avis:

- Ce glossaire n'est pas exhaustif et il existe de nombreux autres termes pertinents pour Bitcoin.
- Il est important de se renseigner et de comprendre les risques avant d'investir dans Bitcoin.

- *Ressources pour plus d'informations*

Des sites:

- **Noyau Bitcoin :** https://bitcoin.org/en/bitcoin-core/ - Le site officiel du logiciel Bitcoin Core, avec des informations sur le fonctionnement de Bitcoin, les téléchargements et bien plus encore.
- **Wiki Bitcoin :** https://en.wikipedia.org/wiki/Bitcoin - Un wiki complet contenant des informations sur tous les aspects du Bitcoin, de l'histoire et de la technologie aux portefeuilles et aux échanges.
- **Blockstream :** https://blockstream.com/ - Une société spécialisée dans le développement de la technologie Bitcoin, avec une variété de ressources,

notamment des articles de blog, des webinaires et des documents de recherche.
- **CoinDesk :** https://www.coindesk.com/ - Une plateforme d'actualités spécialisée dans le Bitcoin et les crypto-monnaies en général, avec des actualités, des analyses et des prix de dernière minute.

Livres:
- **La norme Bitcoin :** https://saifedean.com/tbs - Par Andreas M. Antonopoulos - Un livre qui explique les bases du Bitcoin et pourquoi il est important.
- **L'Internet de l'argent :** https://www.amazon.com/Internet-Money-Andreas-M-Antonopoulos/dp/1537000454 - Par Andreas M. Antonopoulos - Un livre qui examine l'impact potentiel du Bitcoin sur l'économie mondiale.
- **Maîtriser le Bitcoin :** https://github.com/bitcoinbook/bitcoinbook - Par Andreas M. Antonopoulos - Un manuel technique qui explique en détail le fonctionnement de Bitcoin.

Vidéos:
- **Bitcoin : l'avenir de l'argent ?** https://www.reuters.com/business/future-of-money/ - Un documentaire explorant l'histoire et le potentiel du Bitcoin.
- **Quoi est Bitcoin ?** https://www.investopedia.com/terms/b/bitcoin.asp - Une courte vidéo explicative de la Khan Academy.

- **Comment fonctionne le Bitcoin** https://www.investopedia.com/news/how-bitcoin-works/ - Une vidéo explicative d'Andreas M. Antonopoulos .

Sous-reddits :

- **r/Bitcoin :** https://www.reddit.com/r/Bitcoin/ - La plus grande communauté Bitcoin sur Reddit.
- **r/ BitcoinDébutants :** https://www.reddit.com/r/BitcoinBeginners/ - Un sous-reddit pour les débutants Bitcoin.
- **r/ BitcoinMarchés :** https://www.reddit.com/r/BitcoinMarkets/ - Un sous-reddit pour les discussions sur le marché Bitcoin.

Forums :

- **Bitcointalk :** https://bitcointalk.org/ - Le plus grand forum Bitcoin au monde.
- **Échange de pile :** https://bitcoin.stackexchange.com/ - Une plateforme de questions-réponses pour les développeurs et les utilisateurs de Bitcoin.

Remarque : Ceci n'est qu'une petite sélection de ressources. Il existe de nombreux autres sites Web, livres, vidéos et forums contenant des informations sur Bitcoin.

Plus de conseils:

- **Commencez par les bases :** assurez-vous de bien comprendre les bases du Bitcoin avant de passer à des sujets plus avancés.

- **Soyez critique :** il existe de nombreuses opinions différentes sur Bitcoin. Soyez critique à l'égard des informations que vous lisez et faites-vous votre propre opinion.
- **Attention :** Bitcoin est une nouvelle technologie et elle comporte des risques qui y sont associés. Soyez prudent lorsque vous négociez ou investissez dans Bitcoin.

- **Liste des échanges et portefeuilles Bitcoin**

Les échanges Bitcoin sont des plateformes sur lesquelles vous pouvez acheter et vendre des Bitcoins. Ils agissent comme intermédiaires entre acheteurs et vendeurs et offrent généralement une gamme de fonctionnalités telles que : B. la possibilité d'utiliser différents modes de paiement, de passer différents types de commandes et de suivre les prix.

Voici quelques échanges Bitcoin populaires :

- **Coinbase :** L'une des bourses d'échange les plus importantes et les plus populaires au monde, offrant une interface conviviale et un large éventail de fonctionnalités.

oinbase

[Ouvre dans une nouvelle fenêtre](#) 🌐 1000logos.net

Logo Coinbase

- **Kraken** : Un autre grand échange avec une bonne réputation en matière de sécurité et de fiabilité.

[Ouvre dans une nouvelle fenêtre](#) W fr.wikipedia.org

Logo de poulpe

- **Bitpanda** : Une bourse européenne qui propose une large gamme de crypto-monnaies et de monnaies fiduciaires à échanger.

bitpan

[Ouvre dans une nouvelle fenêtre](www.bitpanda.com)

Logo Bitpanda

- **Bison** : Bourse allemande gérée par la Bourse de Stuttgart et destinée aux débutants.

[Ouvre dans une nouvelle fenêtre](scalebranding.com)

Logo des bisons

- **bitcoin.de** : Bourse allemande qui existe depuis 2011 et constitue une bonne option pour les traders expérimentés.

itcoin-Marktplatz Ouvre dans une nouvelle fenêtre www.bitcoin.de

logo bitcoin.de

Portefeuilles Bitcoin :

Les portefeuilles Bitcoin sont des portefeuilles numériques dans lesquels vous pouvez stocker vos Bitcoins en toute sécurité. Il existe différents types de portefeuilles, par ex. B. Portefeuilles matériels, portefeuilles logiciels et portefeuilles en ligne.

Portefeuilles matériels :

Les portefeuilles matériels sont des appareils physiques qui stockent vos Bitcoins hors ligne. Ils sont considérés comme le moyen le plus sûr de stocker des Bitcoins car ils ne peuvent pas être piratés même si votre ordinateur est infecté.

Certains portefeuilles matériels populaires sont :

- **Ledger Nano S :** Un portefeuille matériel populaire, facile à utiliser et prenant en charge un large éventail de crypto-monnaies.

[Ouvre dans une nouvelle fenêtre](#)
shop.ledger.com

Logo Ledger Nano S

- **Trezor Model One :** Un autre portefeuille matériel populaire compatible avec un large éventail de crypto-monnaies.

[Ouvre dans une nouvelle fenêtre](#) www.coinbureau.com

Trezor modèle 1

Portefeuilles logiciels :

Les portefeuilles logiciels sont des portefeuilles numériques installés sur votre ordinateur ou votre smartphone. Bien qu'ils ne soient pas aussi sécurisés que les portefeuilles matériels, ils restent une bonne option pour stocker de petites quantités de Bitcoin.

Certains portefeuilles logiciels populaires sont :

- **Electrum :** Un portefeuille logiciel gratuit et open source connu pour sa sécurité et sa facilité d'utilisation.

Ouvre dans une nouvelle fenêtre S seeklogo.com

Logo d'électrum

- **Exodus :** Un portefeuille logiciel facile à utiliser qui offre un large éventail de fonctionnalités telles que : B. la possibilité de stocker plusieurs crypto-monnaies.

Ouvre dans une nouvelle fenêtre www.deviantart.com

Logo de l'Exode

Portefeuilles en ligne :

Les portefeuilles en ligne sont des portefeuilles Web proposés par des bourses ou d'autres fournisseurs. Bien qu'ils soient pratiques à utiliser, ils sont également considérés comme le moyen le moins sûr de stocker des Bitcoins car ils sont vulnérables aux piratages.

Il est donc recommandé de stocker vos Bitcoins dans un portefeuille matériel ou un portefeuille logiciel que vous contrôlez vous-même.

Note importante:

Cette liste n'est pas exhaustive et est uniquement à titre informatif. Avant d'utiliser un échange ou un portefeuille Bitcoin, vous devez faire vos propres recherches et vous assurer qu'ils sont réputés et sûrs.

www.ingramcontent.com/pod-product-compliance
Lightning Source LLC
Chambersburg PA
CBHW071654240526
45469CB00023B/2371